JN437477

신영숙 • 귀로 • 목판화 • 200x300

신발이 부르는 소리

신발이 부르는 소리

신진숙 시집

도서출판 시위

序

누가 봄을 짧다고 했던가 이보다 뿌리 깊은 꽃은 없겠다 가을을 앓았다 사노라면 치러야할 실연들이 아니었겠는가 언어의 시공간이 그것을 견디게 했다 소통이자 모색이었다 내가 신발의 꿈을 좇는 동안 누군가는 내 신발이 돌아오는 소리에 귀 기울고 있었다 이제 시간의 뒤축도 헐거웠졌고 적당한 허기로 몸 가볍다 그러나 시도 때도 없이 떠오르는 이름 그리운 아버지

2006년 가을

신진숙

차례

마지막 선물

간단한 고립 15
마지막 선물 16
가을 종점 17
아버지 2 18
쓸쓸하고도 그리운 19
끝이 없는 길 20
신발이 부르는 소리 21
돌 속에 핀 꽃 – 문양석 22
어머니와 애인 23
밤꽃 24
강 25
시 줍는 날 26
아버지 1 27

봄은 아주 천천히 느리게 간다

바다가 없다 31
비 오는 인사동 32
봄은 아주 천천히 느리게 간다 33
가을 통신 34

시인 돌아오다 35
춘곤증 36
단풍가 37
통속의 기도 38
봄비 39
안부 40
연꽃밭에서 41
지울 수 없는 화장 42
진달래 능선에서 43
건조주의보 – 꿈 44

꽃집에서 시를 사다

술래잡기 – 장마 49
봄날은 가도 50
녹턴 No.5 51
낚시터의 밤 52
상송을 들으며 53
만추 54
아버지 3 55
실연 3 – 처서 56
공항의 밤 57

서울의 달 58
입추 처서 그리고 59
장례식장에서 60
꽃집에서 시를 사다 61
안개주의보 62

그리움 던지다

시력 67
포스터가 있는 골목 68
가을 현상 69
11월 70
가을의 까닭 71
수취인 불명 72
정박 73
은행잎 편지 74
감은사지 탑에서 75
그리움 던지다 76
푸른 붓 – 신정배 그림전을 보고 77
화전 78
불안주의보 – 호우주의보 79
장마 80

먹이를 삼키다

죄 85

밤바다 86

산사의 저녁 87

이별 88

어느 가을날에 – 데자뷰 89

두 개의 창 90

숲 속의 섬 – 발왕산에서 91

을왕리 바다와의 동침 92

침묵의 배반 93

먹이를 삼키다 94

숲으로 가는 환승역 95

열대야 마두역 96

고백 – 태풍주의보 97

해설–불확실성의 미학과 시적 진실 • 김송배 99

마지막 선물

간단한 고립

눈이 100센티나 쌓였다며
행인들의 고립을 알려온다
깃털 같은 무게와 키만큼도 안 되는 높이가
견고한 감옥이라니
간단하게 끊겨버린 그 길
단숨에 달려가 볼까
저 멀리 누가 부르면 뒤 한번 돌아보지 않으리
아니 듣고도 모른 체 하리
눈꽃들이 어여쁘게 자라는 동안
아무것도 애쓰지 않으리라
저절로 익명이 되는 세상
어쩌면 소통보다 평화로울지 몰라
밤이 되면 하얀 적막으로
지상의 마지막을
순결하게 돌아갈 수 있으니

마지막 선물

작은 화분 하나를 안고 기차를 탔다
카네이션 붉은 꽃이 되었다가 기차의 넓은 창이 되고 들판의 바다가 되어 달려갔다 비 온 뒤 눈부시게 환호하는 초목융성한 기운이 메말라있는 내 몸을 마중 한다

그리움의 주소는 언제나 멀리 있다
서울 태생인 나는 가끔 언제라도 나를 기다려주는 낯선 지명을 부러워했다 기차가 도착한 도시가 이젠 낯설지 않다 아버지 편히 잠든 곳이니 아버지 그리운 낯선 도시 하나 내게 만들어주고 가셨다

가을종점

계절 뒤엔 깊은 한숨들이 자라는지
종점의 풍경은 어디든 저녁나절 같다
잠시 생의 뒷짐을 지고 있는 들녘에서
지피는 모닥불
곁불을 쪼이고 있던 마음의 불씨들이
뜻밖의 이별처럼
매운 연기를 토해낸다
숨 가쁘게 불꽃을 만들고
뜨거울수록 홀연히 흩어져버리는
가을날의 다비
마주한 얼굴은 발그레한데
등 뒤로 지나는 바람엔
또 다른 계절의 근심이
아무도 모르게 자라고 있다

아버지 2

교회를 다니지 않아도
부처를 모시지 않아도
고해성사를 하고 싶어지면
마음이 무릎을 꿇는다
누군가를 향해 기도하고 싶어진다
세상살이 막막할 때
유일한 내 기도처는
항상 내 편을 되어주시는
하늘에 계신 나의 아버지

쓸쓸하고도 그리운

첩첩산중으로 아들이 떠났다 얼마나 산 깊고 유장한 강물이 흐르는 지 화려한 골짜기라 부른다 긴장도 쉬어 가는 적막강산 먼 하늘 보고 있을 도시를 떠나 본 적 없는 녀석 살 에이는 북풍 숨 막히는 열기로 짓무른 발가락 아예 봄가을이 없다는 지명마저 봉오리인 산봉우리 춥다 덥다 소리 밀어 넣고 사는 어미심정 승리부대 앞에 피어있던 보랏빛 비비추 여직 그렇게 예쁜 보랏빛 처음 보았다 여리고 고운 그 빛 만든 건 산중의 바람 저도 홀로서는 세상에서 귀한 심중하나 얻어 오겠지

끝이 없는 길

기차의 긴 꼬리에 몸을 싣고
뒤로 밀려가는 길을 바라본다
바람보다 빠르게 멀어져 가는 길
기차는 앞으로 달리고
나는 뒤로 달리고 있다
마음은 그대로 두고
몸만 떠나가고 있다
어디로 가고 있는 가
들판을 가르고 산을 넘어도
이정표는 없다
시간의 레일엔 가속이 붙는데
지나가버린 발자국은 보이지 않아
울컥 저무는 하루가 목에 걸린다
지금 이 시간이
처음이지만 처음이 아니고
끝이지만 끝이 아닌
멈춘 적 없는 오늘
그 끝없는 길을 달려가고 있다

신발이 부르는 소리

신발 가게를 지나다가
신발들이 부르는 나지막한 소리를 들었다
주인 없는 발들이 가지런히 모여
길 떠날 채비를 하고 있다
누군가를 위해
제 몸 닳기를 기다리는 설레임
나도 그 틈에 끼여
낯선 나를 꿈꾸어 보지만
흩어져버린 나의 발소리
발자국 좇던 그 많은 신발들은
어디에 버려져 있을까
신고 있는 신발을 내려다 본다
적당히 닳아진 신발이라야
먼 길 편히 갈 수 있다는데
나는 지금
유리 구두를
꿈꾸고 있는 것은 아닌지

돌 속에 핀 꽃

-문양석

억겁의 세월이
어떻게 꽃으로 웃을 수 있나
제대로 된 사랑 하나
가슴에 넣지 못하는데
검다 못해 푸르게 굳어버린 꽃이라니
맨 처음
이 꽃을 가꾸던 이
지워지지 않는 향기
돌 속에 가두어 놓은
그는 누구였을까

어머니와 애인

장미빛 기억은 잿빛이 되어서도 홍조를 띠게 하는 지 연탄재에 날마다 장미를 꽂는 시인이 있다 재속에서 피어나는 붉은 장미 한 송이 침향枕向 처럼 고이는 시인의 그리움 견디게 하나보다 전원이 꺼진 TV화면 속 음영 가득한 얼굴 한때는 꿈의 상처로 활활 타올랐던 추운 골목 지나온 뜨거운 몸이었다 자화상마저도 낯선 안쓰러움에 詩의 향기만 절절이 피워내는 것이다

밤꽃

바람의 가벼운 떨림에도

촉수를 세우는

뭔가 덫이 가득한

유월의 숲

단숨에 삼켜버릴 것 같은

뿌리칠 수 없는

이 음모陰謀의 숨결

강

암녹색 전류가 흐르는 강

정오의 화살이

머얼리 날아간다

성근 그물로 건져 올린

칠월의

저 눈부신 실명

시 줍는 날

높은 가지 끝에 매달려 있던
시詩의 열매
자고 나면 후드득
시도 때도 없이 떨어져
횡재한 기분
아무리 흔들어도 까딱 않더니
살다보니 이런 날도 다 있다
사서 고생하는
애물단지 같은 시詩지만
요즘은 수확의 기쁨에
모든 게 가벼워 보인다
시의 몸도
나의 몸도

아버지 1

안개의 팔짱을 끼고
성내천변 나란히 걷는다
올이 술술 풀리는 바람에
봄 날끼이 뒤따라 나온다
기억이란 머릿속에 있지 않은가보다
가슴 언저리에 똬리 튼
그리운 형상
맥없이 주저앉힌다
누군가를 위해 길 되어 본 적 있는 가
둑이 되어 본 적 있는 가
천천히 걸어본다
힘들게 쌓아본다
현기증 나는 봄날이면
더 가까이 들려오는
돌아오지 않는 아버지의 메아리

봄은 아주 천천히 느리게 간다

바다가 없다

수평선이 안색을 살피며
느슨해진 해안선에게 묻는다
숨 막히게 달아오르던 열기는
모두 어디로 가버렸냐고
소금기만 남은 모래톱 걷다보면
밤을 잊은 생생한 불빛들이
해조음 같은 환호들이
모래알처럼 묻어나오는데
한 몸이었던 해변은 아무 말이 없다
가을은 돌아왔는데
하늘 하도 푸르고 넓어
기별이 닿지 않는 지
바다는 아직 돌아오지 않고 있다

비 오는 인사동

낡은 시간이 즐비한 골목
친근하고도 낯선
구불구불한 시간의 옛길 따라가다 보면
주렴처럼 걸려있는 청동빛 그림자
화석이 되어버린 한 세상을 만난다
비오는 날엔 시계태엽도 풀리는 지
시위를 떠난 사랑이
이국의 푸른 목걸이를 하고
어디선가 불쑥 길을 물어 올 것 같다

봄은 아주 천천히 느리게 간다

거리의 물청소가 시원하게 느껴지는 날
말간 수돗물이 눌어붙은
지난 계절을 닦아내고 있다
푸른색 호스에서 뿜어 나오는 투명한 물줄기처럼
신록의 주름은 풀려가는 데
봄의 행간을 흐리게 하는
쇼윈도의 실루엣
침묵시위가 여전하다
언제나 마른 꽃 피고
서늘한 바람 불어대는 봄
이제 그만 풀어주어야겠다
혼자 껴안고 있는 날들이여
불혹의 느린 걸음이여

가을 통신

눈부시게 하늘 푸르른 날
그리워하라는 시인의 전언이
화살처럼 꽂히면
계절을 타전하는 통신병이 된다
바람이 삼킨 것은
뜨거웠던 시간의 날숨
차디찬 날들의 들숨
그리움의 자리는
혼자서도 잘 자라는가보다
어딘가에 닿아 있기만 하면
견디지 못할 쓸쓸함은 없는 것 같다
살아지는 것도
사라지는 것도

시인 돌아오다

낙조를 마중 갔다가
가을을 헤엄쳐온 한 시인을 만났다
긴 표류를 끝내고
휘파람 쓸쓸히 분다
숱한 어제의 침몰이 안쓰러웠던 것이다
파도를 타고 멀리 떠나기도 하지만
그 파도를 타고 돌아온 시인
바다를 새로 쓴다
항해를 시작하는
시詩의 닻은 팽팽할 것이다
그가 헤쳐 나왔던 물결만큼
짙푸른 언어들이
노을이 번지는 순간처럼
세상을 형형케 하리라

춘곤증

꿈이 부족한 탓인가
툭하면 나른함에 취한다
저기 순정한 아낙마저
마음 들썩이며 몸 둘 바를 모른다
겨우내 참고있던 신음들이
호시탐탐 흘러 나온다
누군가 산을 타고
강물을 헤엄치려한다
스치는 행색이 예사롭지 않은 이 낌새
그래 요즘 부쩍 바람이 수상했다
아무래도 화려한 전적의 공범이 있는 게다

단풍가丹楓歌

가을을 태우고 있는 저 마른 잎도
한 때는 설레임 가득한
누군가의 그리운 잎새였다
흩어지는 바람은
숲속거닐던 햇살이었으니
상여 빛 길목을 지난다 해도
가슴 철렁할 일 아니다
가장 맨 나중까지
무시로 그 자리에
나보다 더한 기억으로 남아있을
만만滿滿한 풍경이 될 터이니

통속通俗의 기도

겨울 황야 거닐어 본 적도 없으면서
늘 가슴이 시리다고 투정이었다
의사의 선고를 받지 않았는데
걸핏하면 아프다고 했다
우연히 만난 어느 산사에서
나의 기도가 염치없다는 걸 알았다
내 몫의 짐과 희망은 비례한다
저마다 무거운 삶 안고 살아간다
무릎 꿇고 외워댄 주문은
도량을 오가는 바람보다 못한
통속通俗의 희망이자 절망이었다

봄비

밀어를 나누기엔
어둔 밤이 적당 하리
몇날 며칠
내 잠 거두어가더니
오늘은 귀가 먼저 잠을 청한다
비오는 날은
꿈길도 가까워지는가 보다

안부

목련의 한가로움이
창가로 나를 불러낸다
어젯밤 비에
꽃의 안부가 궁금했었는데
오늘 아침
아무렇지도 않은 꽃을 보았다
간밤엔 내가 젖은 꽃잎이었나 보다

연꽃밭에서

푸른 나팔들이 일제히

이슬을 연주한다

오선지에 날리는

파장이 먼

향香

지울 수 없는 화장化粧

외출했다 돌아오면
서둘러 무장을 해제 한다
화장을 지우다보면
하나 둘 거울을 통과하는
변장의 입자들을 확인하게 된다
아무리 닦아도 지워지지 않는
화장을 해도 감춰지지 않는
마음의 얼굴을 발견한다
이젠 화장이 필요하지 않은
책임 져야 할
시간의 얼굴이
내게 머물러 있는 것이다

진달래 능선에서

산에 사는 진달래
저 만치 혼자 피어있는 줄 알았더니
봄의 능선에서 떼 지어 웃고 있다
바람한번 꽃 한번 번갈아 반기는
분홍빛 골짜기 오르다보면
층층의 그리움과
분분한 설움도 속절없어지는 법
*꽃잎 사뿐히 즈려밟고
떠난 님도
떠나보낸 나도
언제나 봄 한가운데 머물러 있지 않은가

*김소월의 시 '진달래꽃'에서 차용

건조주의보
—꿈

어젯밤
비를 흠씬 맞고 다녔다
비에 젖은 몸이 뜨거웠다

꽃집에서 시를 사다

술래잡기

—장마

온종일 창을 때리는
빗줄기 따라가다 보면
왠지 복병을 만날 것 같은 예감이 든다
마음의 변죽은 급물살을 타고
흠뻑 젖은 몸
지나간 시간의 아우성을 듣는다
빗소리 방음이 무너지면
오래 전에 헤어진 나를 만나기도 하고
만난 적 없는 내가 악수를 청하기도 한다
비오는 날
내 몸엔 술래가 함께 있는 가보다

봄날은 가도

오월의 나무는 모두 스무 살
신록은 늘
멀리서 들려오는 둔탁한 망치소리처럼
스무 살의 나무로 거기에 있다
청신한 그늘에선
시간이 흐르지 않는 지
퇴행의 노래 읊조리게 한다
가슴이 야위어도
한 줌의 흙이어도
여전히 연분홍치마 입으려는
낡은 욕망을 버리지 못하는 것이다

*녹턴 No.5

빗물과 함께
녹턴을 들으면

빗방울
어깨를 타고
등을 타고

몸의 건반이
연주를 한다

부드러운 감전이다

* Nocturne
쇼팽의 피아노 야상곡

낚시터의 밤

수면에 잠길 듯한
살찐 어둠이 곁에 눕는다
촘촘한 그물로 건져 올린 적막이
호수를 통째로 낚는다
달빛은 별밭에 취하고
나는 풀숲에서 들려오는
미물들의 이야기에 취한다
낚시터의 밤은
시간이 흐르지 않는 돌 같은 세상
그날 밤 나는 꼭
호숫가에 가지 않았던 것 같다

샹송을 들으며

순전히 야심한 시각에 이루어진 우연한 재회라면 믿지 않으시겠지요 만난 적은 있으나 만난 지가 언제인지 모르는 흐느낌조차 빛나던 먼 시절이 떠오르더이다 내가 만든 서러움에 속수무책 묻어버린 뼈와 살 나도 모르게 빠져나가 영영 실종된 줄 알았던 그 어느 날의 전율이 추억의 상형들이 손끝으로 만져지는 듯 당신이 곁에 있는 것 같더이다 저 뜻 모를 언어들이 푸르렀던 나의 계절을 밤새 번역해주더란 말입니다

만추

가을은

온통 비상구인데

한 발자국도 떼지 못한다

하늘이

바람이

길들을 모두 지워버렸다

아버지 3

한가위 날
달구경 못한다는
일기예보가 있었지만
달무리 걷히고
달이 떴다
환하디 환한 얼굴 하나

실연 3

—처서

올 가을은 웬지 쓸쓸하지가 않다
여름 내 고열이 났다
마치 홍역처럼

붉은 반점만 남기고 가버렸다

열꽃만 남은 길목에선
바람이 불어도
마른 잎이 떨어져도
무심해진다

공항의 밤

해가 돌아눕는 시각
이별이 도착 하는 활주로를 보면
그대로 충돌하고 싶은
고독한 충동이 인다
노을에 젖던 그리움도
지상의 무수한 불빛도 한낱 반짝임
사노라면 한번 쯤
비상 착륙을 하고 싶어지는 데
어둠속에선 누구나 별이 된다는데
짙은 구름너머로 청정한 별판 있듯
절대 고도에 오르면
어쩌면 또 다른 나의 시공이 기다리고 있지 않을까

서울의 달

달빛도 몸을 씻는지
도시의 강을 건너고 있다
휘영청 맑은 서신 읽다보면
가슴에 고인 서러움인지
눈먼 그리움인지
약속이나 한 듯 일렁인다
하늘 이고 살아도
하늘 모르고 사는
시끌벅적한 지상의 어둠
온전한 밤의 골짜기로 향하고 싶어진다
어둠속에서 가끔 절망을 만나기도 하지만
이보다 단단한 포옹은 없어
마음 속 환한 달처럼
앞으로 나아가기 그만이다
부드러운 칠흑으로 껴안아주는
도시의 달
오늘 밤 잉태를 꿈꾸어도 좋겠다

입추 처서 그리고

푸른 유리잔에 물을 따라 마셨다
그가 떠난 날처럼 차가웠다

그 날 아침
여자는 블루 대신 브라운으로 눈 화장을 했다

빨간 립스틱이 쓸쓸해 보이는 중년

장례식장에서

처마 위 하늘은 청청靑靑한데
마당의 그림자는 우울하다
무성영화처럼 돌아가는 풍경
정원수 사이로 단풍든 나무 보이고
구겨진 걸음으로 한 노인이 지나간다
뒤쫓는 어린아이 땅을 튕기듯 뛰어간다
너무 간단하다 세상의 모습
살아있으면서 살아있는 게
안심이 안 되는 하루
들이닥치는 생의 종점
아직은 즐거운 소풍 '중'인 줄 알았는데
쓸쓸히 돌아가야만 하는
마른 잎 같은 하루

꽃집에서 詩를 사다

첫 시집을 받아오던 날
노상路上에서 꽃 파는 아주머닐 보았다
허름한 의자에 앉아
거리의 소음 이리저리 치워가며
소리 내어 詩를 읽고 있다
집으로 돌아오는 길 내내
꽃보다 향기로운 한 사람이
詩를 짓고 있었다

안개 주의보

맑은 날 고속도로에서 만나게 되는
안개주의보 팻말은
안개를 찾아가라는 유혹 같다
우윳빛 그 기둥을 따라가면
온 길 그대로 버리고
춤추는 무희 되고
말달리는 전사 될 수 있을까
정작 안개의 팻말이 보이지 않는
습습한 날엔
단단히 싸놓은 보퉁이 어디로 가고
성능 좋은 더듬이가
하얀 터널 속을 밝히며 간다

그리움 던지다

시력

우리 동네가 왜 이리 낯선 것일까
가로수와 나란히 걸어가는
저기 내가 보인다
오늘따라 침침한 하늘
때로 인공 눈물이 필요하고
돋보기를 맞추기도 하지만
별 수 없는 시력
멀리 봐야할 것들
깊이 생각해야할 일들
거리조절을 못한 채
혼탁한 세상 바삐 걷고 있다

포스터가 있는 길목

거기 베이커리 앞 횡단보도를 건너면
미소가 맑은 남자가
기다렸다는 듯이 나를 맞는다
활짝 웃을 때면 더 없이 소년 같은
그는 내게 첫눈 오는 날이고
꽃향기 은은한 봄날이었다
가끔 달콤한 편지를 읽어주기도 했던
저음이면서 상큼한 목소리
눈으로 말할 줄 아는 그는
한동안 나의 연인이었다
인사도 없이 헤어졌는데
하나도 슬프지가 않다
혼자 건너는 외나무다리는 안전하다
그는 언제나 그 자리에서 웃고 있다

가을 현상現想

한참을 잊고 있던 주머니 속 필름
어떤 시간을 넣어둔 건지 도통 알 수가 없다
그 어느 날을 현상했더니
낯선 여름이 반바지 차림을 하고 있다
그 속으로 들어가
곰곰이 시간을 인화해 보는데
까맣게 지워져버린 날들
모두 어디로 갔을까
사진 밖의 이야기들은

11월

옥탑 방 같은 11월
먼 길 떠나기 좋긴 하지만
남은 계절과의 악수가
한겨울보다 시리다
가랑잎 소리 낼 때 마다
어깨가 움츠려든다
기한이 다 된 마이너스 통장처럼

가을의 까닭

은행나무 너른 그늘 아래 서면
금관을 쓴 목신木神과 함께 있는 것 같다
이렇게 고요히 물들 수 있다면
일생을 한자리에 서 있어도 좋으리
가을은 언제나 기도중인데
사람들은 늘 계절을 앓는다
함량미달의 사랑으로
뿌리 깊은 나무의 독백을 듣지 못하는가 보다

수취인 불명

주소를 잃어버렸는지
수취인 불명의 바람이
계절을 붙잡고 있다
늦도록 단풍재 올리지 못한 가로수
나목보다 황량해
공원마다 수심이
가득 차 있다

정박

얼마 남지 않은 어둠속의 심지
도란거리던 항구도 잠든 지 오래인데
밤바다에 힘들게 닿은
나의 닻은
아직 정박을 못하고 있다
떠나온 길을 두고
떠나지 못한 행로를 그리는지
바다는 온전히 밤인데
닻을 내리지 못한 생각들만
부두를 지키고 있다

은행잎 편지

만추의 비명이 골목 안까지 닿아 있는데
훌쩍 날아든 편지 한 장에
접어두었던 미련이 비집고 나온다
동봉한 나뭇잎 한 장
흠흠 대며 노오란 봄바람 맡는다
한 시절의 물듦이란
꽃보다 곱고 여린가보다
때론 흘러간 바람이 되돌아오기도 하는 지
무심을 가장한 마른 잎 하나가
종일 시간에 젖게 한다

감은사지 탑에서

세월이 잡힐 듯한
전설의 낮은 언덕에
두 개의 탑이 마주하고 있다
해풍도 쉬어가는
천연의 빈 터
천 년을 지켜오는 동안
시간은 바다로 흐르고
시공을 잇는
대숲에서 부는 바람은
또 다른 기도의 탑
죽풍에 씻은 마음 하나
그 위에 얹고 가면
어떤 맹세도 흔들리지 않을 것 같다

그리움 던지다

M시인이 그려놓은
묵직한 돌 하나
그리움이라는 제목을 달고 있다
심장 근처에 매달려 있는
그것의 무게인가보다
힘껏 던져 봐도
동그라미 하나 채 그리지 못하는
애틋한 몸
반은 허공이 삼키고
반은 강물이 삼키고
파문의 돌무덤만
가슴속에 쌓이게 하는

푸른 붓

–'신정배' 그림 전을 보고

깊은 바닷속에서 그린 듯한
유화 몇 점을 읽었다
청색시대에 머물러 있는
고요한 그 시간 속엔
해저를 나는 새도 있고
바다를 품은 산골짜기
푸른 지느러미를 가진 물고기도 있다
종이비행기 푸른 굉음을 내고
여인들은 창백하다
푸르디푸른
그 냉랭한 취기에
온몸이 저려오는 듯하다
겨우 심연을 빠져 나온다
화가는 언제쯤 그 푸른 유영에서 벗어날 수 있을까

화전 花煎

고운 꽃

눈으로 먹는다

입안에 가득 고이는

봄의 태동

불안주의보

—호우주의보

창을 넘어오는 간헐적인 빗소리
그쳤나 싶으면 다시 돌진이다
대기층의 불안정으로 계속되는
발생과 소멸
마음도 우기雨氣를 닮아가는 지
빗줄기 멈칫 하는 사이
슬며시 발을 건다
순간 하늘 번쩍이며 요동을 친다
무너질 듯한 천둥소리
마음 들켜버린다

그대 이쯤이면 뭔가 집히는 데가 있지 않은가

장마

게릴라성 폭우가 사방을 공격하고 있다
집중의 틈을 타서
그대의 안전을 묻고 싶다
침수 지역의 구조를 바란다고
은신처가 필요하다고
궁색한 변명 하지 않아도 되는
경계 무너뜨리기 좋은 날
밤새 내리는
시커먼 포효보다 거친 마음의 빗줄기
수위가 다 된 댐으로 모여 들고 있다
이제 더는 주의가 필요하지 않은가 보다

먹이를 삼키다

죄

우리나라에서 가장 아름답다는
무척이나 오래 되었다는 *전동성당엘 들렀지요
비잔틴 풍의 의자와 창문 사이로
조심스레 펴져있는 어둠이
두근거리는 몸 감추기 좋았습니다
왠지 멀기 만한 기도 대를
물끄러미 바라보다
그냥 돌아 나오려는데
성수가 놓여있더군요
마음을 씻으면
죄 사하여 준다는데
나는 왠지 저어하여
허둥지둥 죄 많은 세상으로 나와버렸습니다

* 전동 성당
전주시 전동 (1914년)

밤바다

고대했던 동침이었는데
잠 이룰 수 없었다
밤새 들뜬 소리에 시달려야 했다
등대는 보이지 않았고
파도가 내 몸을 삼켜버리는 동안
아무소리도 듣지 못했다
아무도 오지 않았다
희붐한 아침에
붉은 눈시울을 겨우 보았을 뿐

산사의 저녁

산문山門에 기대어 앉은 노을이
기척도 없이
도량을 훌쩍 지워버린다
살아있는 어둠과 살아남은 지상이
오직 하나의 선으로 그려내는 수묵화
삼라만상의 숨소리
정막으로 흐르는데
세상만한 절집의
물고기 한 마리
고요를 헤엄치고 있다

이별

그대

달보다 더 멀다

달은 저기 보이지 않는 가

이별은

도무지 보이지 않는다

어느 가을날에

— 데자뷰

처음인데도 어딘가 낯익은
사람과 공간을 만날 때가 있다
바람의 허를 찌르는 저녁 답이거나
누군가의 옷섶에서
대낮의 푸른 달빛 맞닥뜨리는 날이면
부지불식간에 흐르는 이상한 전류
마당의 감나무 한참 높은 데
햇빛 골짜기 쓸쓸한 지붕 같은
핼쑥한 그 울림 들리는 듯하면
덜컥 내 가슴이 오그라든다
첫 마음 그때처럼

두 개의 창

우리 집엔 창문이 두 개 있다 창이 여럿 있어도 창으로
쓰이는 건 두 개 뿐 소통은 서로 다른 방향에 있다

한동안 놀러오던 노을은
빌딩사이로 튕겨져 나간 지 오래
사계四季의 풍경이 그 자리를 대신해주지만
풍경을 달리고 있는 4차선 도로는
정체 현상을 자주 일으킨다
대기 중인 공항리무진
속도를 알리는 소음
뾰족탑에 걸린 십자가
건너 마을 네온

또 하나의 창은 이상하게도 늘 흐려있다 오늘의 날씨를
다르게 보여준다 자작나무 마구 흔들어대는 알 수 없는
풍향 따라가다보면 언제나 같은 곳에서 길 잃어버린다
시간의 강물을 타게 하는 창은 나를 견디게도 미치게도
한다 오래 전에 닫혀버린 창 앞에 서있게 하는 것이다

숲속의 섬

―발왕산에서

해발 1500미터 절해絶海에 흐르는 기류
신선하다 못해 신령하다
입산의 흔적이 없는 숲 내려다보니
오히려 자유 의지가 풀린다
빽빽한 나무 마다
모두 은자의 말씀
살아서 천년 죽어서 천년이라는
상서롭지 않은
또 다른 화엄의 절벽
힘없는 구도자들이
숲속의 섬을 날아오르고 있다

을왕리 바다와의 동침

어둠이 가라앉자
해안선을 몽땅 걷어 가버린다
수줍게 드러난 바다의 알몸
첫 경험이다
떠나는 길인지 되돌아가는 길인지
꽉 찬 어둠속에 흐르는
따뜻한 물길
발가락의 애무로 시작되는
부드러운 몸의 합일
몸속 같은 그 길 따라가면
달 하나를 잉태하고 있는
어머니 거기에 있다
멀리 도열하고 있는 해변의 불빛들이
내가 낳은 보름달을 낚고 있다

침묵의 배반

무게 중심을 잃은 날엔
가는 곳마다 위태로워 보인다
온데간데없어지는 길만 성성하다
시간이 갈수록
뻣뻣해지는 다리보다
팽팽해지는 머릿속을 견딜 수 없어진다
파리한 실금이 가슴에 번져도
혈관이 조이도록 외쳐도
세상은 청맹과니
쇳덩이 같은 침묵
지금 여기서 멈추지 않으면
머지않아 나는
돌이킬 수 없는 배반을 할 것 같다

먹이를 삼키다

유혹이 몸을 파고 들어왔다
파충류의 식도를 통과하듯
먹이는 꿈틀거리며
상처 입은 먹이에 몸을 내어준다
먹이는
또 다른 먹이가 생길 때까지
공복의 아픔을 견뎌야
새로운 먹이가 될 수 있다

숲으로 가는 환승역

충무로 전철역은 동굴 모습이라 그런지
계단 오르내리는 사람들
원시인상을 닮아있다
어느 먼 세월로 돌아간 듯
잠시 지상의 세계를 잊고 있는데
어둔 기계음만 출렁이는데
갑자기 맛있는 바람이 콧속으로 들어온다
난데없는 까닭 모를 이 향기
어딘가에 은밀한 통로가 있는 걸까
설핏한 햇빛 그림자 쫓으니
보퉁이처럼 앉아있는 아주머니
푸른 비닐봉지 가득한 산더덕
허름한 손으로 다듬고 있다
대관령 진부령 넘어왔다는
향기로운 숲 그늘
한달음에 데려가는
또 다른 환승역 충무로

열대야 마두역

로마나이트클럽 옥상에
떴다 떴다
머리맡에 그대로 착지 할 것 같은
쟁반같이 둥근달
화려한 네온을 꿀꺽 삼킨다
폭염에 지친 어둠이 거리를 질주하고
욕망은 부푼 달처럼 꿈틀댄다
기꺼이 투항하는
한 여름 밤의 꿈
마두역 흐느적대며 자정을 넘긴다

고백

-태풍주의보

온 밤을
삼켜버릴 듯하더니
기어이 산 하나를 무너뜨린다
마지막 옷을 벗는 이 밤
이젠 하나도 남아있지 않는
나의 은신처
날이 새면 확인하리라

|해설|

불확실성의 미학과 시적 진실

金 松 培 (시인. 심상시인회 회장)

1. 들머리-미지未知의 세계 탐색

시인들은 무엇인가 새롭고 진지한 제재를 찾아서 육신과 영혼이 함께 방황한다. 보편적 일상의 탈피를 꿈꾸면서 미지의 세계를 탐색하고 새로운 영감靈感의 발산을 위해 사유思惟는 부단하게 그 영역을 확대한다.

일찍이 셰익스피어W. Shakespeare가 말하기를 시인은 그의 예민한 흥분된 눈을 하늘에서 땅으로, 다시 땅에서 하늘로 굴리며 상상하며 미지의 사물의 형체를 구체화해서 형태를 부여하고 형상 없는 것에 장소와 명칭을 부여해 주는 마술사 같은 존재라고 했다. 또한 누군가는 이 마력적魔力的인 시의 맛을 알게 된다면 그 때부터 아름다운 인생을 알게 될 것이라는 명언을 남겼다. 우리는 시의 마력에 감전된 듯이 시를 쓰고 또 읽고 있는 것이다.

신진숙 시인이 상재하는 세 번째 시집 『신발이 부르는 소리』를 일별하면서 문득 이와 같은 상념을 먼저 떠올리는 연유는 신진숙 시인의 사유에는 미지 세계에 대한 탐색이 강렬하게 내포되어 있기 때문이다.

그가 첫 시집 『열리지 않는 창』을 상재했을 때도 필자는 서평을 통해 '자존의 은폐에서 창조되는 진실은 시정신의 현현顯現을 위한 순환의 구조적인 전형' 으로 평가한 바 있다. 이는 그의 초기 작품들이 '진실의 내면 구도에 시의 본령을 구축하고 외형과의 단절이나 은둔隱遁이 아닌, 자존의 성숙과 자치自治를 염원하면서 조화로운 화해를 내밀하게 구사하는 특성' 으로 나타났음으로 그 이후의 작품에서는 어떤 형태의 변화가 있었는지를 유념하게 되는 것이다.

대체로 신진숙 시인의 시적 흐름은 지적인 다양성을 포괄한다는데 관점을 두어야 할 것 같다. 왜냐하면, 첫 시집의 작품들이 자존의 은폐나 은둔에 시적정황을 설정하였다면 이번 작품들은 불확실성 시대와 미지의 세계에서 자아와 연관되는 시간의 문제들을 고뇌스럽게 천착穿鑿한다는 점이다.

여기에서 유추할 수 있는 일차적인 주제의 향방은 삶의 불확실성과 의미의 불확실성에 대한 예감의 의지로 탐색하는 특징이 있으며 이렇게 탐색된 진실은 자아自我와의 현실적 대입에서 그는 새로운 가치관의 구도를 재확인하려는 시인의 속성이 명징明澄해지고 있다는 사실이다.

다음 <안개주의보>는 이와 같은 불확실성(안개)에 대한 단정과 의문과 화해가 공존하는 시인 정서의 실험적 형태를 잘 나타내고 있다.

맑은 날 고속도로에서 만나게 되는
안개주의보 팻말은
안개를 찾아가라는 유혹 같다
(이상은 정서의 단정이다)

우윳빛 그 기둥을 따라가면
온 길 그대로 버리고
춤추는 무희 되고
말달리는 전사 될 수 있을까
(수사법상 '轉' 으로 의문이다)

정작 안개의 팻말이 보이지 않는
습습한 날엔
단단히 싸놓은 보퉁이 어디로 가고
성능 좋은 더듬이가
하얀 터널 속을 밝히며 간다
(결론이며 화해이다)

2. 불확실성, 침묵, 단절의 미학

신진숙 시인이 갈구하는 자아의 정립은 먼저 불확실성과 미지 상황에 대한 시적인 접근방법의 모색이다. 그러나 그의 내면에 잠재한 침묵의 의식을 묵과할 수 없게 된다. 이는 단절이나 미지의 다른 세계에 대한 체념일까. 아니면 현실

적 불확실성에 대한 번민일까. 또 다른 진실의 예감을 준비하는 과정일까.

그의 시적 상상력의 발현은 이러한 추구를 이끌기 위한 전제로서 우리들의 심경을 순정으로 전환하는 묘미를 갖게 한다.

또 하나의 창은 이상하게도 늘 흐려있다 오늘의 날씨를 다르게 보여준다 자작나무 마구 흔들어대는 알 수 없는 풍향 따라가다 보면 언제나 같은 곳에서 길 잃어버린다 시간의 강물을 타게 하는 창은 나를 견디게도 미치게도 한다 오래 전에 닫혀버린 창 앞에 서 있게 하는 것이다

여기 <두 개의 창> 마지막 연에서 보는 바처럼 '늘 흐려있으며 풍향을 알 수 없고 같은 곳에서 길을 잃어버리는' 시적상황과 화자話者의 어조語調는 '닫혀버린 창 앞에' 서 있음으로써 침묵을 시도하고 있다.

그것은 '두 개'라는 수사數詞가 함의含意하듯이 현실의 투명과 이상의 불투명이 대칭되는 고뇌가 동반하고 있어서 이 양면성에 대한 의식의 단정을 잠시 유보하는 경향이다. 그렇다면, 신진숙 시인이 이러한 불확실한 미지의 세계에

대한 인식의 접근은 어떤 형태일까. '짙은 구름 너머 청정한 별판이 있듯 / 절대 고도에 오르면 / 어쩌면 또 다른 나의 시공이 존재하지 않을까(<공항의 밤> 중에서)' 라는 여망으로 표징 되고 있다.

신진숙 시인은 이처럼 '짙은 구름 너머 청정한 별판' 을 갈구하면서 '또 다른 나의 시공' 의 '존재' 를 탐구한다. 그러나 '고대했던 동침이었는데 / 잠 이룰 수 없었다 / 밤새 들뜬 소리에 시달려야 했다 / 등대는 보이지 않았고 / 파도가 내 몸을 삼켜버리는 동안 / 아무 소리도 듣지 못했다 / 아무도 오지 않았다 / 희붐한 아침에 / 붉은 눈시울을 겨우 보았을 뿐(<밤바다>전문)' 이라는 언술로 아직도 그 미지의 세계에 대한 해법은 찾지 못하고 있다.

신진숙 시인은 이렇게 침묵과 단절의 고뇌에서 탈피하려는 상상력의 또 다른 갈등으로 미확인의 정황이 절절하게 나타난다. 그러나 다음과 같이 서서히 긍정으로 전환하는 화자의 심경변화를 우리는 감지할 수 있을 것이다.

우리 동네가 왜 이리 낯선 것일까
가로수와 나란히 걸어가는
저기 내가 보인다

오늘따라 침침한 하늘
때로 인공 눈물이 필요하고
돋보기를 맞추기도 하지만
별 수 없는 시력
멀리 봐야할 것들
깊이 생각해야할 일들
거리조절을 못한 채
혼탁한 세상을 바삐 걷고 있다

– '시력' 전문

지금 이 시간이
처음이지만 처음이 아니고
끝이지만 끝이 아닌
멈춘 적 없는 오늘
그 끝없는 길을 달려가고 있다

– '끝이 없는 길' 끝 부분

저절로 익명이 되는 세상
어쩌면 소통보다 평화로울지 몰라
밤이 되면 하얀 적막으로

지상의 마지막을

순결하게 돌아갈 수 있으니

— '간단한 고립' 중에서

그렇다. 신진숙 시인은 이미지 세계에 대해 항상 예감으로 불안하거나 위기의식이 미확인으로 남아 있지만, '깊이 생각해야할 일들 거리조절을 못한 채'로 혼탁한 세상을 바삐 걸어가고 있으며, '그 끝없는 길을 달려가면서 순결하게 돌아갈 수 있다'는 긍정을 유로流露하게 된다. 이것이 실재의 불확실성에 대한 침묵이며 단절의 미학이라고 할 수 있다.

이러한 작품은 <마지막 선물>, <가을 종점>, <신발이 부르는 소리>, <돌 속에 핀 꽃>, <밤꽃>, <바다가 없다>, <만추>, <수취인 불명> 등에서도 동일한 이미지를 포괄하고 있어서 공감의 영역은 더욱 확산되고 있다.

3. 자아의 인식과 타아他我의 의문

신진숙 시인은 미지의 세계 혹은 불확실성의 상상적 관념을 자아의 인식으로 전환하는 시적 형상화를 시도함으로써 명징한 주제를 도출하고 있다. 그는 '처음인데도 어딘가 낯익은 / 사람과 공간을 만날 때가 있다(〈어느 가을날 중에서)' 고 이상공간을 방황하던 자신과 해후하는 순리를 수용한다.

이것도 '핼쑥한 가슴에서 새어나오는 / 그 울림 들리는 듯하면 / 덜컥 내 가슴이 오그라든다 / 첫 마음 그때처럼' 이라는 결론에 도달하면 그의 이상세계, 즉 불확실한 공간에서 현존의 '나' 를 인식하는 여과濾過장치를 지나가게 된다.

온 밤을
삼켜버릴 듯하더니
기어이 산 하나를 무너뜨린다
마지막 옷을 벗는 이 밤
이젠 하나도 남아있지 않는
나의 은신처
날이 새면 확인하리라

– '고백' 전문

여기에서도 '날이 새면 확인하리라' 던 '나의 은신처' 는 다름 아닌 존재의 재확인이다. 하이데거M. Heidegger도 존재자의 존재에 응답하여 이야기하는 것을 철학이라고 했다. 이는 '나(존재)'가 '나'를 향해 대화하는 대아對我의 경지, 바로 시인이 작품을 창작할 경우 시의 내용이 될 소재와 황홀한 그 영역에서 혼연일체가 되어 있을 때에는 주체(자아)와 객체(타아)가 없어진다.

신진숙 시인이 여망하는 존재의 인식은 이처럼 주체와 객체가 합일한 원초적, 근원적인 '있음'을 부인하지 않는 것이다. 하이데거의 논리대로 '본시 있던 나에게로 되돌아 간 나'를 실존實存이라고 한다면, '나의 은신처'는 본시의 '나'이며 '확인'은 되돌아 간 '나'의 이미지가 함축되어 있음을 이해할 수 있다.

한편 자아의 인식에는 평범한 인생의 회상이 아니라, 보편성 이상의 성찰省察이 동반되는 것이 통념이다. 이러한 성찰 속에는 동시에 갈등이 생성하게 되는 것도 시인의 사유에는 다원적인 진실의 지향점이 내면에서 여과하는 과정이라고 단정할 수 있을 것이다.

겨울 황야 거닐어 본 적도 없으면서
늘 가슴이 시리다고 투정부렸다
의사의 선고를 받지 않았는데

걸핏하면 아프다고 했다
우연히 만난 어느 산사에서
나의 기도가 염치없다는 걸 알았다
내 몫의 짐과 희망은 비례한다
저마다 무거운 삶 안고 살아간다
무릎 꿇고 외워댄 주문은
도량을 오가는 바람보다 못한
통속通俗의 절망이자 희망이었다

– '통속通俗의 기도' 전문

얼마 남지 않은 어둠속의 심지
도란거리던 항구도 잠든 지 오래인데
밤바다에 힘들게 닿은
나의 닻은
아직 정박을 못하고 있다
떠나온 길을 두고
떠나지 못한 행로를 그리는지
바다는 온전히 밤인데
닻을 내리지 못한 생각들만
부두를 지키고 있다

– '정박' 전문

신진숙 시인의 인식은 성찰을 전제로 하면서 '나의 닻은 아직 정박을 못하는' 갈등의 요소를 안고 있으나 '통속'이기는 하지만 '절망이자 희망'이라는 다소 안도의 정서로 보아 인본주의Humanism적 순리와 나아가서는 자연의 섭리에 순응하는 미학으로 변환하고 있다.

우리 인간들은 모두 성찰의 진의를 외면한 채 평균적인 일상인으로서 살아간다. 하이데거는 이러한 일상인을 '세상 사람들'이라고 정의한다. 이 '세상 사람들'은 진정한 자기를 깨닫지 못하고 그냥 공동체의 일원으로 막연하게 호기심과 풍설과 애매성에 휩싸여 '평균적 일상성 속에 은폐된 삶'을 영위하는 것이다.

그러나 시인(혹은 시)은 어떠한가. '시인은 보통 사람들보다 한결 싱싱한 감수성과 열의와 다정함을 지니고 사람들의 본성을 더 잘 알면서 보다 포괄적인 정신으로 우주의 움직임 속에 드러난 의지와 감정을 명상하며 그런 의지와 감정을 발견하지 못할 때에는 그것을 창조하는 사람'이라는 워즈워스W. Wordsworth의 언지는 시인이 창조자로서의 존재와 성찰을 배제하지 못하는 사명감 같은 것이 작용하게 되는 것이다.

또한 신진숙 시인은 '멀리 도열하고 있는 해변의 불빛들이 / 내가 낳은 보름달을 낚고 있었다(<을왕리, 바다와의 동침> 중에서)' 거나 '혼자 건너는 외나무다리는 안전하다 / 그는 언제나 거기에서 웃고 있으니(<포스터가 있는 길목> 중에서)', '죽풍에 씻은 마음 하나 / 탑 위에 얹고 가면 / 어떤 맹세도 흔들리지 않을 것 같다(<감은사지 탑에서>)' 는 성찰과 더불어 갈등과의 화해를 투영하고 있다.

한편 신진숙 시인은 타아에 대한 의문도 만만치 않다. 이런 정서의 환기는 궁극적으로 자아와 타아의 대칭으로 인식의 폭을 확대하는 기능이 가미되고 있다는 것에 유념하게 된다.

그대, 이쯤이면 뭔가 집히는 데가 있지 않은가

– '불안주의보' 끝 연

그대의 안전을 묻고 싶다
침수지역의 구조를 바란다고
은신처가 필요하다고

– '장마' 중에서

그대,

달보다 더 멀다

달은 저기 보이지 않는가

이별은

도무지 보이지 않는다

– '이별' 전문

4. 시간성과 병치된 시적 공간

신진숙 시인에게는 시간과 공간의 조화를 구현하려는 특성이 있다. 아마도 존재의 당위성 구명究明을 위해 또는 자아의 인식을 위한 방법으로 시간에 대한 집착이 강렬하게 부각되는지도 모른다.

시간의 구조는 과거, 현재, 미래라는 원대한 개념으로 시와의 접목을 살펴야 하리라. 엘리엇T. S. Eliot의 말대로 현재의 시간과 과거의 시간은 미래의 시간에 있고 미래의 시간은 과거의 시간이 담고 있기 때문이다.

그러면 신진숙 시인의 시간성은 어떻게 분화分化하고 있는가. 다음 작품에서 그의 시간과 공간이 조화롭게 형상화되어 있다.

낡은 시간이 즐비한 골목
친근하고도 낯선
구불구불한 시간의 옛길 따라가다 보면
주렴처럼 걸려있는 청동빛 그림자
화석이 되어버린 한 세상을 만난다
비오는 날엔 시계태엽도 풀리는지
시위를 떠난 사랑이
이국의 푸른 목걸이를 하고
어디선가 불쑥 길을 물어 올 것 같다

시 <비오는 인사동> 전문에서 보는 바와 같이 '시간의 옛길'은 과거를, '한 세상 만난다'는 현재를, '길을 물어 올 것 같다'는 미래의 예감을 적시摘示하고 있다. '시간의 옛길'과 '시간이 즐비한 골목'의 '인사동' 공간을 시간과 병치함으로써 주제의 명징과 극대화를 구도적으로 직조하고 있다.

이처럼 시공의 개념은 철학에서 논하는 외연外延과 내포內包의 개념으로 대체될 수 있어서 '공간=외연', '시간=내포'라는 등식이 성립된다. 외연은 사물 공간에서 추출된 모든 이미저리Imagery들을 중시함으로써 종래에 없었거나 생각하지 못했던 표상의 세계를 창출할 수 있게 된다.

또한 내포는 내재된 의식에서 사물과의 접목에서 형성된 상상력으로 실재적인 것보다 좀 더 순간적으로 다양한 정서가 요약된 진실을 포괄적으로 작품에 가미하는 소중한 역할을 하게 된다. 이렇게 해석한다면 시간과 공간은 시창작에서 절대성을 갖지 않으면 안 될 것이다.

신진숙 시인의 시공은 <봄은 아주 천천히 느리게 간다>에서 시적 정황과 화자의 어조를 통해서 성찰로 형상화되고 있음을 알 수 있다.

거리의 물청소가 시원하게 느껴지는 날
말간 수돗물이 눌어붙은
지난 계절을 닦아내고 있다
푸른색 호스에서 뿜어 나오는 투명한 물줄기처럼
신록의 주름은 풀려 가는데

봄의 행간을 흐리게 하는
쇼윈도의 실루엣
침묵시위가 여전하다
언제나 마른 꽃 피고
서늘한 바람불어대는 봄
이제 그만 풀어주어야겠다
혼자 껴안고 있는 날들이여
불혹의 느린 걸음이여

여기 화자의 시간은 '불혹의 느린 걸음'을 걷고 있는 중년이다. 그리고 '혼자 껴안고 있던 날들'을 '이제 그만 풀어주어야' 하고 '지난 계절을 닦아 내'야 하는 성찰에서 얻어진 진솔한 진실의 토로吐露라고 할 수 있다.

신진숙 시인이 '마음의 변죽은 급물살을 타고 / 흠뻑 젖은 몸 / 지나간 시간의 아우성을 듣는다 / 빗소리 방음이 무너지면 / 오래전에 헤어진 나를 만나기도 하고 / 만난 적 없는 내가 악수를 청하기도(<술래잡기> 중에서)' 하는 것이다. 이러한 실존과의 긍정은 '불혹'이라는 시간성이 축적된 시적 자양과 더불어 그의 가치관을 정립하려는 의도에서 비롯되었다고 할 수 있다.

이 '장마'의 이미지는 대체로 우울을 동반하는 경향이 많지만, 신진숙의 '장마'는 '오래전에 헤어진 나를 만나'고 '내가 악수를 청하'는 자아와의 합일을 도모함으로써 그가 지향하는 성찰의 새로운 정서를 구축하고자 하는 것으로 이해해야 할 것이다.

그는 시간을 다음과 같이 시적 원류로 형상화하고 있다. 다소 다변적이기는 하지만, 그의 내면의 진실은 '나'와 시간의 상관문제에 대해서 어떤 해법을 모색하고 있다. 의식 내면에서 숙성된 의식의 흐름과 지성적 사유의 중심축이 시간 속에 머물러 있는 공간을 암유暗喩의 시법으로 조화를 이루는 특징을 살필 수 있다.

* 책임져야 할 / 시간의 얼굴이 / 내게 머물러 있다 – 지울 수 없는 화장 중에서

* 달빛은 별 밭에 취하고 / 나는 풀숲에서 들려오는 / 미물들의 이야기에 취한다 / 낚시터의 밤은 / 시간이 흐르지 않는 돌 같은 세상 – 낚시터의 밤 중에서

* 이렇게 고요히 물들 수 있다면 / 일생을 한자리에 서 있어도 좋으리 / 가을은 언제나 기도중인데 / 사람들은 늘 계절을 앓는다 – 가을의 까닭 중에서

＊무심을 가장한 마른 잎 하나가 / 종일 시간에 젖게 한다 – 은행잎 편지 중에서

＊한참을 잊고 있던 주머니 속 필름

어떤 시간을 넣어둔 건지 도통 알 수가 없다
그 어느 날을 현상했더니
낯선 여름이 반바지 차림을 하고 있다
그 속으로 들어가
곰곰이 시간을 인화해 보는데
까맣게 지워져버린 날들
모두 어디로 갔을까
사진 밖의 이야기들은

– 가을 현상 전문

5. 나가며–신진숙 시학의 정리

신진숙 시집『신발이 부르는 소리』를 몇 갈래로 나누어 일별해 보았다. 대체로 그는 미지와 불확실성과 침묵과 단절에서 절감한 현존의 고뇌들을 스스로 인식하고 시간과 공간의 합일된 시적 함의를 도출하는 흐름을 이해할 수 있다.

그러나 그가 주제의식의 공통된 상황을 연결하여 존재의

형식과 인식의 방법을 적출함으로써 가장 근본적이며 보편적인 형식으로 신진숙 시학을 정리하고 있다. 그것이 존재와 부재, 필연과 우연, 긍정과 부정, 능동과 수동, 실체와 속성, 진실과 가식 등이 동일 양상의 카테고리category를 조합하는 과정에서 또 하나의 진실이 결론처럼 적시되어 있어서 간과看過할 수 없게 된다.

신진숙 시인은 '그리움'이라는 명제命題를 지울 수가 없다. '분홍빛 골짜기 오르다보면 / 층층의 그리움과 / 분분한 설움도 속절없어지는 법 (<진달래 능선에서 중에서)'이며 '한 때는 설레임 가득한 / 누군가의 그리운 잎새였다(<단풍가> 중에서)' '휘영청 맑은 서신 읽다보면 / 가슴에 고인 서러움인지 / 약속이나 한 듯 일렁인다(<서울의 달> 중에서)'는 화자의 언술이 절실성을 띠고 있다.

그 '그리움'의 실체가 되는 시적 대상물이 무엇, 혹은 누구라도 상관없다. 신진숙 시인은 '눈부시게 하늘 푸르른 날 / 그리워하라는 시인의 전언이 / 화살처럼 꽂히면 / 계절을 타전하는 통신병이 된다 / 바람이 삼킨 것은 / 뜨거웠던 시간의 날숨 / 차디찬 날들의 들숨 / 그리움의 자리는 혼자서도 잘 자라는가보다 / (<가을 통신> 중에서)'는 어조로 보아 '그리움'의 대상은 다양하다는 예견이 가능해 진다.

이를테면 '그리운 낯선 도시 하나 내게 만들어주고 가신 아버지(<마지막 선물>)' '돌아오지 않는 아버지의 메아리(<아버지>)'이거나 또는 '전원이 꺼진 TV화면으로 비치는 그(<어머니와 애인>)', '도시를 떠나본 적 없는 녀석(<쓸쓸하고도 그리운>)' 등 가족으로 분화하고 있으나 특이한 것은 '가을을 헤엄쳐온 한 시인(<시인, 돌아오다>)'도 이 범주에 포함하고 있다는 점이다.

그러나 신진숙 시인이 궁극적으로 추구하려는 시학의 본령은 탈자적脫自的인 정적靜的 수용을 원류로 하고 있음에 유의하게 된다.

산문에 기대어 앉은 노을이
기척도 없이
도량을 훌쩍 지워버린다
살아있는 어둠과 살아남은 지상이
오직 하나의 선으로 그려내는 수묵화
삼라만상의 숨소리
적막으로 흐르는데
세상만한 절집에
물고기 한 마리

고요를 헤엄치고 있다.

– '산사의 저녁' 전문

그렇다. 바로 그가 이제까지 탐색한 미지의 세계에서 인식한 자아가 시공을 관조하면서 새롭고 완전한 창조적 가치관으로 그 모습을 확연하게 정리하고 있다. 이것이 진실이 내포된 신진숙의 시학이다.

시는 영혼의 음악이라고 한다. 그것도 보다 더욱 위대하고 다감한 영혼들의 음악이라고 한다. 이처럼 정적 공간에서 '삼라만상의 숨소리'와 교감하는 정황은 신진숙 시인의 영원한 '그리움'이며 기원이다.

김남조 시인의 언지대로 '원초의 작업 같은 혼돈에의 투신과 첩첩한 미혹, 그리고 눈물 나는 긴 방황'이 시의 현주소라고 정의한다면, 신진숙 시인은 지금까지 몇 단계의 실험으로 완성된 작품들이기에 더욱 값진 것이라고 결론지을 수 있을 것이다.

신발이 부르는 소리

신진숙 시집

초판인쇄 2006. 10. 16
초판발행 2006. 10. 23
지 은 이 신 진 숙
펴 낸 이 배 병 호
펴 낸 곳 도서출판 신원
등 록 제22-999호
주 소 서울시 동작구 사당1동 1007-39 우석B/D
전 화 02)594-1594, 583-1623
팩 스 02)594-1631
이 메 일 sinwon21@korea.com

값 8,000원
ISBN 89-87884-48-1